Rémi Courgeon

douze amis mots

MANGO Jeunesse

2 deux dodos dormaient dos à dos.

3
Trois tritons tigrés tricotaient un truc troué.

4 quatre crabes sous la table gribouillaient un gris cartable.

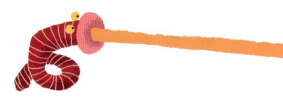

5 cinq
vers avides vidaient un grand verre vert.

10
dix dindons faisaient ding ding dong.

11 onze zébus zigzaguaient

dès qu'ils avaient bu.